REPRESENTATION

CORDIALE

ET

EXHORTATION

VRAIMENT PATERNELLE,

Comment on pourroit, felon les vûes du St. Siege
Apoftolique de Rome, entre les Puiffances chrétiennes,
non feulement remédier à ces dèsordres, qui jusqu'àpréfent ont ruiné
les Etats & les Peuples, mais auffi retablir une amitié indiffoluble & durable ;

par

laquelle la Reconciliation des Princes Catholiques, la
Félicité temporelle, la Puiffance & Dignité, pourroient de beaucoup être
non feulement augmentées, en fubjugant & en dirigeant tout l'Univers,
mais auffi procurer la Félicité éternelle, & le Salut de l'ame, en relé-
vant la vraie Eglife de Chrift, en étendant la Religion feule fanctifiante,
& furtout en baniffant les Héréfies.

Cette Pièce a été forgée à Rome en l'Année 1733.
par la Congrégation *de Propaganda fide.*

Traduit de l'Allemand.

Il faut avertir le Lecteur que cette Exhortation cordiale a été faite du tems de la derniere guerre de Pologne, après la mort du Roy Augufte II. de glorieufe memoire, & qu'elle a été jusqu'àpréfent tenuë cachée comme un miftère. Or comme elle a vu le jour, & qu'on s'eft apperçu que les confeils qu'on y donne, ont été en partie exécutés, on a jugé qu'il étoit à propos d'en faire part au public attentif.

La marque certaine de la vraie Eglife de Dieu, felon la maxime de Jéfus-Chrift notre Seigneur & Sauveur, comme auffi de tous fes Difciples & Apôtres, & même celle des Peres de l'Eglife, confiftant dans l'unanimité de la Doctrine & des Articles de foi, nous fommes d'autant plus certains, que c'eft dans notre Eglife Catholique que fe trouve la vraie foi ornée de ces marques, & dont la principale eft l'obéiffance à la loi que Chrift nous a lui même préfcrite; & c'eft auffi par elle que nous pouvons être fauvés, car tous nos Théologiens en tous lieux & au bout du monde même en conviennent, & leurs fentimens, felon la promeffe expreffe que notre Sauveur J. C. a faite à St. Pierre lorsqu'il lui a confié fon Eglife, & l'y a confirmé avec tous les fucceffeurs du St. Siége, en difant: *Tu es Pierre, & fur cette Pierre j'édifierai mon Eglife, & les portes de l'Enfer ne prévaudront point fur elle;* voyez le Chap. 16. de St. Matth. & le 8. Chap. de St. Marc, font fi conformes, que ni les Diables, ni les Hérétiques n'ont pu jusqu'àpréfent, ni ne pourront jamais la détruire.

On ne trouve au contraire parmi les Hérétiques que mèsintelligence, diffention & difcorde dans ce qui concerne la foi; admettant l'un ceci, l'autre cela, & chacun à fa fantaifie, parceque depuis qu'ils ont abandonné la vraie Eglife Catholique Romaine, ils n'ont plus de Chef fpirituel; on l'a remarqué autrefois parmi les Arriens, & on le remarque encore mieux apréfent parmi les Luthériens, où il ne fe paffe pas un an, ni même un mois, qu'ils ne faffent de la grace de Dieu une nouvelle fecte parmi eux; l'Apôtre St. Paul le prévoyoit, lorsqu'il dit, qu'ils enfeigneroient fans ceffe; mais qu'ils ne parviendroient jamais à la connoiffance de la vérité; il dit au Chap. 2. de la feconde Epitre à Tim. & au Chap. 2. de l'Epitre aux Theffal. *Que Dieu leur enverra des erreurs efficaces, & qu'ils croiront au menfonge, afin que tous ceux-là foient jugés, qui ne croient point à la Vérité Chrétienne Catholique, parcequ'ils prennent plaifir à des Doctrines fauffes.*

A 2

Dieu

Dieu ayant donc en horreur l'Héréſie & les Renégats, a prononcé cette ſentence contre eux, qu'ils ſeroient tous exterminés; & St. Paul dans ſa lettre à l'Evêque Tim. Chap. 3. voulant parler d'Arius enfant de corruption, & après lui de Luther, s'exprime ainſi, ils ne pourront pas à la longue continuer, parceque leur inconſtance eſt connuë de tout le monde; ils auroient pu ſubir la peine qu'ils avoient ſi juſtement meritée, être opprimés & même exterminés, ſi les Maiſons d'Autriche & de Bourbon avoient été de bon accord, & non épris d'envie & de jalouſie pour des interêts purement imaginaires, ils y ont beaucoup plus perdu que gagné, ils ſont cauſe que cette maudite Héréſie s'eſt étenduë dans le monde. C'eſt à la France ſeule que les Lutheriens ſont redevables de leur accroiſſement & de leur avancement; & cela ne ſeroit point arrivé, ſi, comme on l'a dit, nos Oints Chrêtiens Catholiques s'étoient conformés aux exhortations paternelles du St. Siége Apoſtolique; ſi, à l'exemple de la Ste. Egliſe, ils avoient imité notre très chere Mere & tous ſes fideles ſerviteurs par une bonne union & par des ſentimens de concorde; s'ils avoient penſé aux graces, à la puiſſance, & aux richeſſes que Dieu leur avoit promis, les declarant Juges & Souverains de tout l'Univers, & ſe réſignant à la volonté de Dieu, ils ſe ſeroient promptement mis en devoir d'abolir ce levain & la diſcorde dans l'Egliſe; ſans parler encore de la grace & de l'excellence inexprimable auxquelles leurs ames auroient pu participer; mais par malheur on n'a pu juſqu'àpréſent y porter les Puiſſances Catholiques, malgré toutes les exhoxtations du St. Siége Apoſtolique.

Par-là on a renoncé au bien, les Puiſſances Catholiques ſe ſont extrêmement affoiblies, par les guerres qu'elles ont eues continuellement entr'elles, & encore ſi elles n'y renoncent, elles riſquent immanquablement de ſe ruiner & de ſe perdre entièrement; c'eſt alors qu'elles ſerviront de riſée aux ennemis de la vraie Egliſe de Dieu, (ils ſont cauſe de la diſcorde entre les Princes Catholiques, & ils ont vu juſqu'ici avec un plaiſir ſingulier tant de ſang répandu, & d'autant plus qu'ils en ont profité, ils pourront s'accroitre & s'augmenter en puiſſance & en richeſſes) & même dans la ſuite, Dieu nous en préſerve, nous opprimer totalement: dans cette penſée; ſeroit-il poſſible d'exprimer, de quel œil & avec quelle douleur, la ſainte
Egli-

Eglife & le Saint Siège Apoftolique ont vu cette fanglante guerre, entre Sa Majefté Impériale & la Cour de France, lors de l'Election du Roi de Pologne, & furtout l'Efpagne & la Sardaigne y étant melées. Or comme le bien des parties belligerantes étant ruiné par la dèsunion continuelle qui régne entre elles, l'Eglife de Dieu risquoit beaucoup; Sa Sainteté par de faints mouvemens & par fon amour paternelle, a cru qu'il étoit d'une néceffité indifpenfable, d'exhorter en qualité de Pere, & pour l'amour de fon falut temporel & éternel, S.M.Impériale, auffi bien que les cours enveloppées dans cette guerre, de renoncer inceffament à cette guerre fi dangereufe, de s'accommoder à l'amiable, non feulement felon les propofitions bien intentionnées, mais encore à fe lier pour jamais par une amour & une union vraiement chrêtienne & fraternelle: que, la double élection d'un Roy de Pologne ayant occafionné cette fanglante guerre, d'un côté, du tems des troubles de Suède en Pologne, plufieurs Magnats ayant reconnu Stanislas pour leur Roy, de l'autre, Fréderic Augufte, Electeur de Saxe, ayant été élu Roy de Pologne, & aucun des deux partis ne voulant céder à l'autre.

Les vûes paternelles de Sa Sainteté font de terminer ces grands differens, Elle efpere que le Roy Stanislas, bien que par fon Election, Proclamation, & fon Couronnement il ait un droit inconteftable à la Couronne de Pologne, furtout après la mort du Roy Augufte II. fans que la renonciation qu'on a exigé, ni le dedit du feu Roy par la paix conclue à Altranftadt, put lui porter quelque préjudice, avant que, la plûpart des Magnats, aient pu confirmer fes droits, voudra bien, renoncer librement à la Couronne, par une ceffion formelle en faveur du Roy Augufte, tant par amour pour le St. Siége Apoftolique, que par un défir ardent de rétablir l'union parmi les Catholiques, de détourner tous les malheurs auxquels on peut s'attendre, & pour épargner le fang innocent qu'il en couteroit; & qu'il y confentira d'autant plus facilement, s'il reflechit fur fon âge, & fur le repos dont il a befoin, après tant de travaux, fur tous les foucis qui rongent le corps & l'ame, fur tous les dangers préfens & les difficultés incroyables qu'il y a, à foutenir le Trone de Pologne, furtout Sa Majefté le Roy Augufte étant puiffament fecouru par la puiffance de la Czaarienne, par Sa Majefté Impériale, & même par l'Eglife Catholique,

non

non par plus de préference pour le Roy Augufte que pour le Roy Stanislas, ou pour le Roy de France, qui eft le Fils aîné de l'Eglife,
mais purement dans les vûes, que le Roy Augufte parvenant au Trone, pourroit être mis en état, de ramener à la vraie Bergerie de l'E-
glife Catholique dans fes Etats, les Apoftats de la maifon d'Ifraël, ces
brebis égarés du troupeau de Chrift, ces brebis conduits aux Enfers
par le loup lutherien.

Tous ces motifs doivent, comme on l'a dit, engager Sa Majefté
à renoncer à fes prétentions à la Couronne de Pologne, moyennant
un équivalent, que le St. Siège Apoftolique veut lui procurer. Le
Duché de Lorraine & fes dépendances, fans exception, Souveraineté,
Indépendance, Droits, Prérogarives &c. &c. doit être cedé au Roy
Stanislas, fous le titre de royaume d'Auftrafie, lequel Duché retour-
nera, après fa mort, par droit de fucceffion à fon Gendre le Roy
de France, & fera pour toujours partie de fes dependances. Pour
mettre donc cette propofition en évidence, & procurer en même tems
la paix & la tranquilité aux Puiffances Catholiques, reléver & aggran-
dir l'Eglife de Dieu, faire le bien de la Maifon ducale d'Autriche, S.
M. Imp. fera tous fes efforts pour porter S. A. R. le Duc de Lorraine,
à céder à la France, après la mort du Roy Stanislas, felon les vûes
de la Ste. Congrégation, tous fes Païs héréditaires & tout ce qui jadis
y a appartenu; par contre, Elle lui donnera en Mariage l'Archi-Ducheffe, Marie Théréfe, l'adoptera pour fon Fils, avec l'affurance, que
fi la Maifon d'Autriche venoit à manquer de fucceffeurs mâles, la fucceffion de l'Archi-Ducheffe fur les païs heréditaires impériaux, ayant
des enfans mâles, feroit alors auffi confirmée; pour cela le Duc auroit
le titre de Roy des Romains, & pour les païs héréditaires, cedés au
Roy de France, il auroit les Archi-Duchés de Parme & de Plaifance,
que l'Efpagne dabord après l'accommodement évacuera, étant des fiefs
de la dépendance du Pape, auffibien que les états Florentins) & après
la mort du Grand-Duc de Florence, le Grand-Duché de Tofcane,
avec tout ce qui en dépend, Revenus, Droits, fans exception, tel que
la maifon de Medicis l'a poffedé; & pour plus de fureté, il feroit dès-
à-préfent gardé par des Troupes Impériales.

Or comme le Roy Stanislas aura, par cet arrangement, tout lieu
d'être content, d'autant plus que les païs qui doivent lui être cedés,

le

le Gouvernement libre & les Revenus annuels de la Lorraine valant
mieux qu'un Royaume de Pologne, dont Sa Majesté conservera le titre, quoiqu'il ait renoncé à la Couronne, jusqu'à ce que le Royaume
d'Austrasie soit fondé & bien reglé. Le Roy de France ne fera point
de difficultés à souscrire aux conventions avantageuses, faites en faveur de son Beau-Père, & de s'accommoder par rapport aux prétentions qu'il y auroit à faire, plus, que S. M. & la Maison royale de Bourbon auroient non seulement le droit héréditaire sur le Duché de Lorraine, mais encore sur le Royaume d'Austrasie, sans parler des autres
grands avantages; Elle consentiroit à restituer à l'Empereur & aux
Etats de l'Empire les forteresses de *Kehl* & *Philippsbourg* qu'Elle a en
Allemagne, d'autant que ces forteresses sont au delà du Rhin sur le ter-
ritoire d'Allemagne, & tout ce qui appartient à l'Archevêque de Trier,
de même que l'Archiduché de Milan & de Mantoue en Italie, toutefois
après qu'il auroit été arrêté & conclu, ce que le Roy de Sardaigne doit
avoir de ces Etats, comme Duc de Savoye. Quant à la Couronne d'Espagne les vûes du St. Siège Apostolique sont, que l'Empereur rendit à
l'Infant d'Espagne, Don Carlos, les deux Royaumes de Naples & de
Sicile, & qu'Elle y renonçat à perpétuité, mais que l'Empereur & le
Roy de France s'engageassent envers la Maison Royale de Castille, à
employer toutes leurs forces, pour rendre à l'Espagne Gibraltar &
Port-Mahon, & qu'au cas qu'il s'allumât une guerre à ce sujet entre
cette Cour & celle d'Angleterre, à prendre sérieusement le parti de la
maison de Castille; parcontre la Cour d'Espagne, & surtout S. M.
Cath. promettront solemnellement de délivrer à l'Empereur, à la Maison Ducale d'Autriche, & principalement au Duc de Lorraine, immédiatement après les conventions faites, & sans contradiction, les Duchés
de Parme & de Plaisance, comme aussi de renoncer pour eux, & pour
leurs Descendans, à tout droit de succession sur le grand Duché de Toscane, & même à toute Prétention sur ce Duché. La perte que l'Empereur a faite tant par la guerre, que par le renoncement de ces deux
Royaumes & d'une bonne partie du Milannois, étant très considéra-
ble, surtout ne pouvant se les conserver, & étant obligé de les céder
à la Maison de Lorraine, il verra d'y remédier d'un autre côté ce qu'il
pourroit faire sur les ennemis jurés du nom de Chrétien, le Turc &
les autres incrédules, avec grand avantage pour l'Eglise de Dieu; ce
qui

qui feroit d'autant plus facile à entreprendre, comme l'Empereur eft en bonne union & Allié avec la Czarienne, & que les Cours de France & d'Efpagne, les Rois de Pologne & de Sardaigne feroient obligés par les droits & l'équité à venir au fecours de l'Empereur, dans une guerre contre les Turcs, afin de reparer non feulement fa perte par la conquête des païs & des lieux facrés que les Saracéens ont pris autrefois fur les Chrêtiens, mais encore de retablir dans ces lieux la Foi chrêtienne.

Or comme Sa Sainteté efpère, que les Puiffances fusdites, accepteront non feulement les avertiffemens réiterés & paternels pour le bien commun, les propofitions de paix, pour le repos parfait & l'accroiffement de l'Eglife de Dieu, qu'elles regarderont les vûes du St. Siège Apoftolique comme très équitable, & qu'elles fe feront un vrai plaifir de rétablir, fans plus tarder la tranquilité des ames, & de mettre fin le plûtôt poffible, par une Compofition amiable, à tous ces dèsordres, qui jufqu'ici fe font trouvés parmi Elles; mais encore de ramener une Paix conftante & durable, de fe lier & de fe reconcilier comme Sa Sainteté le défire ardemment.

Il faut avertir d'abord, & tout le monde s'en apperçoit, que c'eft n'eft que l'interêt, furtout parmi les Souverains, le mien & le tien, qui donnent lieu à ces diffentions, à la difcorde, à la guerre & aux difputes, quand on admet cet axiome *plus ultra*, & la perte de fon autorité, quand on fe mêle des affaires d'autrui; Au cas qu'on veuille, furtout entre des Puiffances & des Têtes couronnées, rétablir une amitié durable, il faut bannir toutes les occafions & les obftacles qui y font contraires, renoncer tout-à-fait à ces anciennes & nouvelles prétentions, & bien déterminer & régler les limites de chaque Royaume & païs; il faut obferver que la nature indique les confins de chaque païs, que Dieu les a marqués dès le commencement & dèslors qu'il en a affermi les fondemens. Puis donc qu'il s'agit à la requifition, à l'exhortation, & aux remontrances du St. Siège Apoftolique, de retablir parmi les Puiffances belligerantes, favoir L. L. M. M. Imp. très Chrêt. & Cathol. une amitié indiffoluble, une union & alliance folide & durable, il convient en ferrant ce nœud, d'implorer la très fainte & inféparable Trinité de Dieu le Père, † de Dieu le Fils † & de Dieu le St. Efprit. †

I. De

I. De regler pofitivement les frontiéres de l'Efpagne, de la France &
de l'Allemagne, Dieu les leur a déjà marqué en les formant, & ces frontiéres ne peuvent ni ne doivent jamais être changées. Il eft connu que l'Efpagne
& la France font environnées de la Mer, & feparées par les Monts Pyrennes;
que le Rhin fepare les Gaules de l'Allemagne, & ils ont été anciennement
partagés, jufqu'à ce que les Francons eurent paffé le Rhin, qu'ils eurent chan-
gé & même reduit fous leur domination les Gaules; ce qui a donné fujet à
ces divifions, qui ont allumé difcorde fur difcorde, prétentions fur prétention,
une guerre après l'autre, & l'on feroit un grand bien, fi pour retablir une
amitié conftante, l'on prefcrivoit à chaque Royaume fes anciennes frontiéres;
& qu'on les evacuât effectivement.

II. Il faut que les Poffeffeurs de ces Royaumes renoncent, par un Serment à Dieu, pour eux, & pour leurs Succeffeurs & Heritiers fans exception,
à toutes prétentions ulterieures fur tel ou tel Pais, Province ou Endroits, à
toute autre prétention, & à toute mes-intelligence qui pourroit exifter parmi eux.

III. Pour cet effet, il faut fixer un jour, auquel chaque Prince pacifique
fe rendra dans fon Cabinet, accompagné de deux de fes Miniftres d'Etat, &
en prefence des Envoyés Plenipotentiaires de fes Alliés, (qui préteront ferment
de fidelité & du Secret) declarera de bouche & de cœur devant Dieu, la St.
Vierge, & tous les Saints & Elus, en recevant les faints Sacrements devant
l'Autel des mains du Nonce du Pape, en mettant felon la Coutume deux
doigts fur le Livre du St. Evangile, qu'il renonce folemnellement & à per-
petuité à toutes pretentions prefentes, ou avenir à la Couronne de N. & N, aux
Etats de fa domination, ou à ce qui pourroit appartenir à L L. M M. N N. &
qu'il promet de vivre & de mourir avec les Cours de N N. (il faut ici exprimer les Noms des Alliés) & avec leurs Succeffeurs dans une Amitié indiffoluble & dans la plus étroite alliance, qu'il veut premiérement & fans ceffe tra-
vailler à avancer la gloire de Dieu, celle de l'Eglife & du St. Siege Apoftolique de Rome, à étendre auffi la foi Catholique feule fanctifiante & à bannir
toute Rêverie & erreur, que ce que les Alliés fe font promis l'un à l'autre
fera fidelement accompli & exécuté du mieux poffible; Cette union pourroit
être affermie par de nouvelles Amitiés, par des mariages, & par la continua-
tion de la Succeffion d'hérédité, après l'extinction d'une Maifon; furtout fi chaque année & le jour, auquel cette premiere union a été faite par ferment;
cette Alliance étoit renouvellée, en recevant le St. Sacrament, auquel jour
après le decès de l'un ou l'autre des Alliés, le Succeffeur feroit obligé, même
avant fon Couronnement, d'entrer dans cette même Union, par la Confeffion
ci-deffus pour lui & fes defcendans, avant quoi les Etats ne feront pas tenu
de lui prêter ferment, toutefois il faudra auffi bien prendre garde ici que cette
Alliance, & furtout ce qui a été deftiné & promis à chaque Couronne en
particulier, foit tenu bien fecret, jufqu'à ce que le tout ait été execute; pour
cet effet il faudra conclurre une Alliance particuliere, par une Union feinte,
de publier cette alliance, & ce qui a été arrêté, afin que de cette maniere les

B

Huge-

Hugenots foient éloignés de la vraie Alliance & ne puiffent jamais parvenir à la connoiffance du Secret. Maintenant il s'agit de la portion que doit avoir chaque Allié, & de la lui procurer en effet, on y parviendra de la maniere fuivante, felon les Sentimens de la Ste. Congregation.

a) Que l'Empereur & le Roi de France s'engageront non feulement de faire rendre à l'Efpagne le Port important de Gibraltar & Porto Mahon, avec toutes leurs dependances, mais encore de l'aider à conquerir & à ruiner les Ports de Mer & les Chateaux des Ecumeurs de Mer fitués vis-à-vis l'Efpagne, fur les côtés de la Mer d'Afrique, par là toute la Mediterranée fera débarraffée des Corfaires, les Detroits entre Zeuta & Gibraltar feront renfermés, de maniere, qu'aucun Vaiffeau Marchand étranger, excepté ceux des Alliés, ne pourra fans permiffion entrer dans la Mediterranée, afin que le Commerce du Levant demeure aux feuls Alliés; & de ruiner le Commerce confiderable que les Etrangers y font. Le plus grand avantage qu'on y trouvera, c'eft que les Detroits d'Efpagne, de France & d'Italie n'auront rien à craindre de la part des Ennemis du côté du Nord foit par Mer, foit par Terre. Mais pour mettre cela en exécution, il faudroit de grands Armemens par Mer, tant en Efpagne qu'en France, & pour prévenir les Reflexions & les Soupçons des Anglois & des Hollandois, il les faut faire fous pretexte de vouloir purger la Mer de ces Pirates, & de ruiner leur Cabanes. La France pour mieux feindre, invitera l'Angleterre & la Hollande à venir les feconder dans cette Expedition, afin qu'ils ne fe doutent pas de ce qu'on veut tenir caché. Quand donc cette Flotte combinée (pour laquelle l'Empereur, les Rois de Naple & de Sardaigne donneront leur Contingent) fera en pleine mer, il faudra que toutes ces forces fe jettent tout d'un coup fur Gibraltar, l'attaquent par mer & par terre, à toute force & avec un feu épouvantable, & l'obligent à fe rendre avant que les Anglois foient en état de venir à fon fecours; de plus, il faudra fe donner beaucoup de peines, pour non feulement entretenir, mais encore augmenter, autant que faire fe pourra, la mes-intelligence entre l'Ufurpateur de la Couronne d'Angletterre & fon fils, le Prince de Wallis, ainfi nommé, & même la difcorde entre les Membres du Parlement. Il faudra avant toute chofe, empecher que les Hollandois n'acceptent de Prince d'Orange pour leur Stadthouder, parceque n'y ayant point de confiance & encore moins d'Alliance à établir entre l'Angleterre & la Hollande, ces deux Puiffances maritimes pourroient fe combiner & par là empecher facilement l'Empereur de fe lier avec la France, s'ils ne tachent de traiter avec les Hollandois (qui ne cherchent que leurs interèts & qui n'ont rien autre en vuë) en leur faifant entrevoir quelqu'avantage dans le negoce. Après la conquête de Gibraltar, & avoir renfermé les detroits, il faudroit que les Hauts Alliés embarquaffent toutes leurs Troupes fans perdre de tems, fiffent voile pour l'Ecoffe, & qu'ils fiffent un defcente en deux certains endroits du côté de l'Occident, qu'ils paffaffent en Irlande cette Nobleffe qui tint autrefois en France & en Italie pour leur legitime Roy, pour y exciter une revolte par leurs Amis

qu'ils

qu'ils y trouveroient encore, & qu'ils se retirassent sur le champ en Ecosse, &
que de concert ensemble ils exterminassent en Angletterre cette Famille Elec-
torale de Hanovre qui y domine, & qu'ils missent sur le Trone le Roy legitime de l'ancienne Maison de Stuart.

Apres cette expedition, il sera facile d'inquiéter les Hollandois par terre,
de les chasser comme des Rebelles & des Hérétiques, & pour les intimider
il faut punir d'autres Rénégats & enfin les subjuguer tous, puis accorder un
certain District à la Maison Archiducale d'Autriche, & le Royaume d'Austrasie
à la France; on pourra attaquer de droit & punir dans toutes les occasions
ces Republiques, qui ont acquis la liberté par leur Rebellion, les en priver &
de tous leurs Privileges, & les reduire par la force à la Servitude; puis que la
liberté qu'Elles ont obtenuë par force de leurs Magistrats & de leurs Superieurs,
ne sauroit leur être avantageuse, au contraire elle servira à leur prouver qu'elles sont des Rebelles, & qu'elles meritent encore de plus grandes peines. Enfin l'Espagne n'aura assurément pas lieu de se plaindre, ayant pour sa part
les Royaumes de Naple & de Sicile, Port-Mahon & Gibraltar, de plus les
côtés de la Mer d'Afrique franches, & tout ce qu'Elle pourra encore conquerir dans les Isles Orientales & Occidentales, sans prejudicer à la France & au
Portugal (aux quelles est reservé tout ce qu'Elles possedent, sans exception,
en Europe, & dans les autres parties du monde, l'Espagne n'auroit plus de
prétentions à faire, quand la Famille Royale de Braganze seroit même éteinte,
& selon le Traité d'union, elle n'oseroit attaquer le Portugal.)

b) Quant au Roi de France, il faudroit qu'après la mort de son Beau-Pere
le Roy Stanislas non seulement les Duchés de Lorraine & de Bar, & tout ce qui en
depend revinssent à S. M. T. Ch. mais encore que, selon le Traité d'Union
l'Empereur cedât les Duchés de Luxemburg & de Limbourg & une partie de
la Comté de Namur, située au delà de la Meuse du côté du Rhin, & tout ce
qui ci-devant a fait partie du Royaume d'Austrasie, afin de pouvoir renfermer
tous ces Païs situés entre la Meuse & le Rhin & d'éviter tout different. Pour
la separation des frontiéres entre l'Allemagne & la France; on pourroit ceder
à la France, & ensuite laisser pour toujours à la maison de Bourbon tous
les Pais descendant de Basle jusqu'en Hollande, où un bras du Rhin, nommé Wahl, se jette dans la Meuse, puis en remontant, tout ce qui est entre
les fleuves Domel & la Meuse, appartenant aux Hollandois, & à l'Eveché de
Liége, jusqu'à la Meuse encore & tout le long du fleuve jusqu'à la Province de Champagne, les Pais-Bas Autrichiens du Royaume d'Austrasie (dont
la Capitale étoit autrefois *Mez*) & toute la Souveraineté; mais comme dans
cette grande étenduë de Païs se trouvent plusieurs Evechés Ecclesiastiques, savoir les Archevechés de Mayence, de Trieres, & de Cologne, les Evechés de
Liége, de Worms, de Speier, & de Strasbourg, quelques Abbayes & Pre-
latures, une bonne Partie du Palatinat Electoral, les Duchés de Deux Ponts,
Juliers, Cleves, & encore quelques Comtés & Seigneuries, dont les Posses-
seurs sont Vassaux de l'Empire, ont été declarés & reconnus Princes, & que

 les

les Electeurs poſſedent preſque tous des Païs en deça & au delà du Rhin, il eſt impoſſible de les ſeparer pour les joindre à d'autres, ni de les partager, il faudra par rapport à eux établir une Cour & un Tribunal féodale à Mayencé, dont les principaux Membres ſeroient les Archeveques, les Prevots & Chancelier ou Préſident des fiefs, en preſence desquels, ceux qui pourront prendre ou recevoir des fiefs ſeront obligés de preter le ſerment de fidelité par leurs Envoyés ou Deputés, faiſant vœux d'être fideles & ſoumis à l'Empereur & au Roy de France. Dans les differens de l'Empire, ſi, après que la Juſtice de la Cour aura prononcé Sentence, la partie offenſée pourra, quant au Droit, en rappeller à l'Empereur ou au Roy de France, (ſelon que les Biens qui font le ſujet de la diſpute ſeront ſitués du côté du Rhin, de l'Allemagne ou de l'Auſtraſie; enſuite ſi, après avoir pris connoiſſance de l'affaire, il s'agiſſoit de donner exécution, perſonne ne pourra la donner que la Puiſſance qui aura jugé definitivement le different; mais au cas que la diſpute regardât purement des Droits-perſonelles, la Litigation des deux Puiſſances ſeroit encore examinée & debattuë devant une Commiſſion établie pour ce Sujet, au cas donc qu'il en faille venir neceſſairement à une Exécution, il faudra prendre des Troupes des deux Puiſſances

Quant à la Preſtation annuelle & commune des Etats, pour l'entretien des Dicaſters allemands, elle ſera remiſe à l'avenir au nouveau Tribunal à Mayence, mais toutes les autres Preſtations qu'ils font obligés de payer, par exemple, pour les fraix de Guerre, les mois Romains, & pour l'entretien des Camps de la Cour Imperiale, ſeront auſſi transmiſes à Mayence, & livrées particulierement à la Caiſſe commune des Revenus, lesquels ſeront enſuite partagés en deux parties égales, dont l'une ſera pour l'Empereur & l'autre pour le Roi de France. Quant aux Prérogatives & Libertés que les Etats ont acquis depuis longtems, on pourra les leur laiſſer; mais il faudra à l'avenir les priver, auſſi bien que tous les autres Etats de l'Empire du Droit de la Guerre & de la Paix, & leur defendre l'entretien d'un grand nombre de Soldats inutiles, parceque l'Empereur, le Roy de France & le Roy d'Eſpagne, étant alliés enſemble, les mettent à couvert contre toute incurſion de la part des ennemis quelconques, par conſequent ne ſe trouvant point dans la neceſſité de defenſe, ni de faire des préparatifs pour la guerre, ils n'auront donc pas beſoin des Soldats, excepté les Princes auxquels il ſera permi d'entretenir un tres petit nombre de Soldats pour la garde de leurs Perſonnes & de leurs Etats ſeulement: or comme les Etats ſeront exempts de loger des Soldats, tant du coté de l'Empereur, que du coté de la France, & qu'ils n'auront rien à contribuer pour les guerres qui pourroient s'allumer ailleurs, excepté les ſommes qu'ils feront obligés de fournir pour l'execution des Expeditions à faire dans le Nord, (pour lesquelles ces trois Couronnes ſe font alliées expreſſement, & fourniront leurs Troupes,) pour les enrollemens, & l'entretien d'une milice commune ſur l'ancien pied, ils enverront ces ſommes à la Chambre commune à Mayence, de laquelle Chambre & du ſusdit Tribunal, l'Archiduc de

Mayence

Mayence voudra bien, comme il a été arreté, accepter non feulement la Direc-
tion, mais encore de choifir les Affeffeurs & les autres Officiers neceffaires,
& de leur faire preter Serment au nom de l'Empereur; tous les revenus fans
exception (apres là deduction faite de ce qui eft affigné pour les apointements
annuelles de l'Archiduc & des Officiers du Tribunal & de la Chambre) feront partagés en deux parties égales, en prefence de deux Surintendans de
l'Empereur & du Roi de France, envoyés pour cet effet à Mayence, & ces
Sommes leur feront remifes. Comme donc après les guerres du Nord, les Etats
ci-deffus mentionnés n'auroient plus rien à fournir, ni de Subfides à payer,
& qu'ils feroient francs de tout, il faudra que les habitans, à caufe de cette
grace ineftimable, payent tous les ans un tribut à la Chambre, que les Sei-
gneurs recevront, & en remettront dabord la moitié à la Caiffe de la Chambre de Mayence, pour être enfuite envoyée à fa deftination. Quand aux Officiers des Cours Electorales & des Princes, les titres & emplois honorables
dependent du Cercle Commun, il plaira à Mrs. les Electeurs de garder leur
Rang & de continuer leurs fonctions, l'Archeveque de Mayence, Arelat
Chancellier héréditaire de l'Empire, l'Electeur de Cologne l'Archichancellier d'I-
talie, l'Electeur Palatin pourra fe foufcrire Archi-Treforier & Electeur. Quant
à l'Election même d'un Empereur ou Roi d'Allemagne, cette Dedition tom-
be d'elle meme; pareeque l'Empire d'Allemagne doit par droit de fucceffion
retourner à l'Archiduc d'Autriche & à fes Succeffeurs, afin d'introduire un
meilleur ordre en Allemagne, au lieu de l'ordre confus qu'il y a eu depuis
quelque Siecles; & furtout d'abolir la Diéte de Ratisbonne, qui depuis le
Siecle paffé gouverne conjointement avec l'Empereur, qui àpréfent ofe le
contrecarrer & même lui faire la loi; les Villes Imperiales pourroient etre mi-
fes fur le même pied qu'Elles l'ont été du tems de Charles IV, elles feroient
des Domaines & des Dependances de la Chambre, de forte que du côté de
l'Auftrafie les Villes Imperiales appartiendroient à la France, & du côté de
l'Allemagne elles feroient dependantes de la maifon d'Autriche & de la derniere même la Succeffion à la Royauté de Savoye, après l'extinction de cette
maifon; mais les Pais fitués dans la Lombardie dependant de la Savoye doivent tomber à la Cour de Baviére, & par contre la Couronne d'Efpagne pourroit obtenir, après l'extinction de la Maifon Royale de Bragance dans le Portugal, ce dit Royaume, celui des Algarbes & tous les Pais fitués dans les Isles
Orientales & Occidentales; pour les grands avantages que les Cours de France & d'Efpagne retireront de ce partage, Elles affifteront de toutes leurs forces la Maifon Ducale d'Autriche tant contre l'Ennemi juré du nom Chretien,
que contre tous les Adverfaires de l'Eglife, & les Renégats, qui lui ont fait
tant de mal dans les guerres d'Italie; & de plus, devant ceder les autres Païs
reftant de la Lombardie, & par les Traités de Paix & les accommodemens,
les Grands Duchés en Lombardie doivent être donnés partie au Duc de Lorraine, partie au Duc de Baviere, afin de fatisfaire le dernier par rapport à plufieurs pretentions bien fondées fur l'Autriche, & l'obliger à admettre la Sanc-

tion

tion Pragmatique que l'Empereur a établie, & à consentir aux droits de Succession qu'elle renferme en faveur du Sexe feminin, apres l'extinction du Masculin, à promettre la garantie des autres Etats de l'Empire, à renoncer entierement à toute pretention sur les Etats héréditaires de l'Empereur, & en particulier sur le Royaume de Boheme, & à faire tous ses Efforts pour que la Maison Ducale d'Autriche obtienne l'Empire d'Allemagne; dans ce cas il faudra donner à l'Electeur de Baviére tout le grand Duché de Toscane, les Etats du Parmesan & de Plaisance, le Milanois Autrichien, & le Duché de Mantoue, comme aussi, apres l'extinction de la Maison de Savoye, toute la partie superieure de l'Italie, sous le Titre de Royaume de Lombardie. Or comme la Maison d'Autriche n'auroit plus rien en Italie; & qu'Elle doit encore ceder à la France une bonne partie des Pais-Bas, savoir les Duchés de Luxembourg & de Limbourg, une grande partie de la Comté de Namur, en un mot tous les Pais situés entre les fleuves Damel, la Meuse & le Rhin: le St. Siege Apostolique & sa Congregation esperant, que la France, l'Espagne & l'Electeur de Baviére, voudront bien secourir de toutes leurs forces & de leur autorité la Maison Archiducale d'Autriche, afin que l'Empereur dans les occasions qui se presentent, & qu'on a tant & si long tems desirées, Auguste, étant si étroitement alliée avec la Russie, la Perse ayant de l'autre coté attaqué hostilement les Hagaritains, puisse aider non seulement à bannir tout à fait de l'Europe les Ennemis du Nom Chretien, le Turcs, mais encore à reconquerir la Terre sainte, à reprendre tous les lieux sacrés, & à y retablir la Maison de Lorraine.

Toute la Chretienneté, pour vouloir maintenir la Terre sainte, a anciennement par un saint Zèle employé des Sommes immenses, tant de Heros y ont perdu la vie, & même une quantité incroyable de Soldats y a été conduit comme à la boucherie, où le Sang des Chretiens a coulé comme des ruisseaux de lait & de miel, & encore n'a-t-elle pas pu arreter ni reprimer la puissance & la cruauté des Turcs, mais il n'y a que les Puissances Chrétiennes qui par leur mes-intelligence & leur discorde en sont cause, & par là tout le Bien & en particulier l'accroissement de l'Eglise de Christ a été empeché jusqu'ici.

Maintenant pour ne plus retarder ce saint dessein ou cet oeuvre sacrés, au contraire l'exécuter dabord, apres avoir mis fin aux disputes des Puissances Chretiennes & avoir levé toutes les difficultés, il faudroit avant toute chose tacher d'attirer les Princes du Nord & des Etats Allemands par de bonnes paroles & des promesses flateuses, afin qu'ils demeurent dans la Sécurité & qu'ils ne s'apperçoivent pas de leur malheur à venir, avant que la colere épouvantable du Seigneur, qui leur est depuis longtems reservée, ne soit sur eux, & qu'ils n'ayent été tous, aussi bien que tous les autres Hérétiques du Midi & de l'Orient, qui ont abandonné la vraie Eglise de Christ, deracinés & precipités dans les Abymes profonds de la Mer, (l'Esprit de Dieu en a déjà parlé il y a plus de 3000 Ans sous le nom de Gog & de Magog, & a prononcé contre eux cette Sentence, qui est confirmée dans l'Apocalipse de St. Jean.) Pour cet effet il faudroit par maniere d'aquit traiter amicalement avec l'Angletterre

au

au sujet de la cession de Gibraltar & de Port-Mahon, & l'amuser par des of-
fres fort avantageux; exciter sous main des troubles & de la discorde en Angletterre, Ecosse, & en Irlande.   On pourroit aussi amuser la Hollande par
la cession de quelques avantages réels dans le Commerce, à la ruine de l'Angletterre, afin qu'il n'y ait point d'union sincere entre ces deux Puissances
maritimes; pour éviter par là qu'Elles ne se mettent en état de defense, mais
que pendant la guerre avec les Turcs elles restent tranquilles; il faut éviter
en même tems, par des representations secretes & contraires, que le Prince
d'Orange ne soit point reconnu Vicaire général de la Hollande, par là on exci-
teroit de plus en plus la haine entre l'Usurpateur de la Couronne d'Angletterre
& les Pais-Bas mentionnés ci-dessus, toute sorte de mes-intelligence entre les
Princes du Brandebourg, & de la Hollande; ce qui pourroit être facilement
exécuté, d'autant plus que ces deux Princes ne peuvent pas trop bien s'accorder ensemble.

Quant à tous les autres Princes ou Etats Protestans de l'Empire, qui ne sont jamais d'accord, & qui dans leurs sentimens corrumpus sont toujours, par une juste per-
mission de Dieu, prêts d'ajouter foi à tout ce qu'on veut leur faire accroire, pourront
si bien être gagnés par des bonnes paroles & promesses qu'on pourra les repaitre d'espe-
rance, (quand à la prochaine Negociation de Paix, ils viendront avec leur fantaisie demander que les differens de leur pretendue bonne Religion soient terminés, ce qui ar-
rivera immanquablement,) savoir qu'à l'avenir on aura égard à leur demande, & que
tout se fera au gré de leurs desirs, dès qu'on aura appaisé les Troubles qui s'élévent avec
les Turcs & qu'on aura recouvert cette tranquilité dont on jouissoit ci devant.   Mais
pour qu'ils ne puissent avoir de fondement, ni savoir au juste ce qui se traite entre les
Catholiques pacifiques, bien moins encore, parvenir à la connoissance du but de cette
sainte Alliance, il ne faudra absolument point fixer ouvertement le Congrès pour la Paix.
Toutefois pour leur faire croire, que leurs différens concernant la Religion seront terminés, il faudroit faire semblant de leur accorder quelques Eglises en Hongrie, afin de
les tranquiliser, & qu'ils ne remuent pas, pendant qu'on aura à faire avec les Turcs, de
les engager à se joindre à l'Armée Imperiale, pour leur future perdition, & pour les af-
foiblir; il ne faudra point accepter de troupes Protestantes excepté des Hessois & des Sa-
xons, (afin de consumer en Hongrie ces vieux Soldats bien exercés,) mais leur demander de l'argent pour subvenir aux fraix de la Guerre contre les Turcs; de cette maniere ils seront obligés de congedier leurs Soldats, & s'ils ne le veulent, ils accableront
leurs habitans d'impots pour leur propre entretien & pour la dite guerre, il se ruine-
ront totalement eux mêmes; ainsi après avoir heureusement fini cette guerre, allant avec
toutes leurs forces fondre sur eux & sur les autres Princes du Nord, on les trouvera
dans la misere, hors d'état de se defendre & encore moins de faire resistence.

Or si, comme on l'a dit, après l'Expedition contre les Hagarites, les Protestans
renouvellent la promesse que l'Empereur leur a faite de terminer leurs pretendus diffe-
rentes de Religion, ou soit qu'ils n'en parlent pas, il faudroit que les Princes & les E-
tats Catholiques en Allemagne commençassent eux-mêmes à le demander & representer
que la preference leur revenant de droit, il falloit que leur Cause fut examinée la premiere & aussi terminée, mais avant toute chose il faut faire ensorte que ce grand nombre
de Temples, dont les Lutheriens se sont emparé par la force du tems de la Reformation,
ou pour mieux dire, du tems qu'ils ont si malicieusement abandonné la vraie Eglise, de
même tous les trésors qu'ils en ont volé, & tous ces grands Biens ecclésiastiques si im-
portantse, qu'ils ont presque tous secularisés, & en ont tiré les revenus: soient incessa-
ment rstitués par les Usurpateurs & les Voleurs, ou par leurs Heritiers, sans excep-
tions avec tous les profits qu'ils en ont faits; & s'ils ne le faisoient de bon gré, il faudroit

que

que l'Empereur, en sa qualité de Juge suprême de l'Empire, contraignit non seulement par force ces grands & abominables Sacrileges, en leur envoyant des Troupes en exécution, mais encore selon le cas, s'ils vouloient s'y opposer il faudroit les punir à la rigueur corporellement & de mort comme des Rebelles. Pour que les Lutheriens & les Calvinistes en Allemagne ne puissent point recevoir de Secours étrangers, il faudroit qu'immédiatement après la guerre en Turquie, la Czarienne attaquât hostilement & le plutôt possible, le Royaume de Suede, les Suedois en donneront assés de Sujets pendant la guerre des Turcs; dans le même tems il faut que les Polonois attaquent la Prusse Brandenbourgeoise, mais il faut premierement bien garnir & conserver Danzig, afin qu'il n'en sorte point de blé, & que l'Empereur donne un Decret, qui defende sous peine des plus severes chatimens le transport des fruits d'Allemagne en Suede, ou tout Commerce à l'avenir avec la Suede. Il faudroit que la France dans ce même tems s'emparât de la Hollande, & de concert avec l'Espagne fit tous ses efforts pour exécuter les desseins formés sur la Grande Bretagne & l'Irlande; de cette maniere les forces des Lutheriens & des Calvinistes étant partagées, on pourra plus facilement supprimer les Hérétiques & les exterminer entierement, persuadé que Dieu secondera puissamment cette bonne œuvre, (qui tend à son honneur, & à relever l'Eglise Catholique) à mettre fin à ces mès-intelligences honteuses en fait de Religion, & à supprimer ces hérésies qui menent droit aux Enfers, & à rétablir une paix solide & durable.

Enfin, pourvu qu'on commence ainsi cette bonne œuvre, la Suede sera consumée par la faim & le feu, l'Angleterre detruite par les troubles intestins, la famille Hanovrienne qui y domine àprésent bannie, & l'Heritier legitime de la Couronne remis sur le Trône de la Grande Bretagne, la Republique de Hollande privée de ce Commerce si considerable, ce Commerce partagé entre l'Empereur & la France, les Princes & Etats d'Allemagne reduits à la mendicité par la reddition des Richesses de l'Eglise; & comme ils ne seront jamais en etat de rembourser les fruits qu'ils en ont tirés, on leur en sera present, au cas qu'ils embrassent la Religion Catholique, & s'ils ne le veulent pas, il faut sur le champ les chasser de l'Empire, les traiter comme des Rebelles & des Obstinés; alors après le partage de la Maison Archiducale d'Autriche fait avec la France par l'Abolition de l'Election d'un Empereur (les trois Electeurs Ecclesiastiques & l'Electeur Palatin, étant, comme on l'a dit ci dessus, entierement separés des autres, que la Baviere soit contente de la Lombardie; Hanovre totalement ruinée & le Brandebourg opprimé, la Saxe renoncera sans peine au droit d'Election, la Pologne lui appartenant par droit de Succession) l'Empire sera sans difficulté rendue hereditaire. C'est après l'exécution des Articles ci dessus, qu'on jouira des fruits d'un Contentement sans borne, d'un état de tranquilité recueilli avec agrémens, & qu'on reverra même cet age d'or tant & si longtems desiré, accompli; Christ dit, selon les paroles de l'Apocalipse de St. Jean: que cet Animal hérétique a plusieurs Têtes, & son Prophete en mensonge, Satan, sera precipité au fond des enfers, lié & garotté, mais qu'il regnera sur tout l'Univers avec ses vrais Croyans, & que cet état tant desiré doit subsister jusqu'à ce que l'Eternité absorbe le temporel.